AF463828

DE

LA LITTERATURE ALLEMANDE;

DES DEFAUTS

QU'ON PEUT LUI REPROCHER;

QUELLES EN SONT LES CAUSES;

ET

PAR QUELS MOYENS ON PEUT LES CORRIGER.

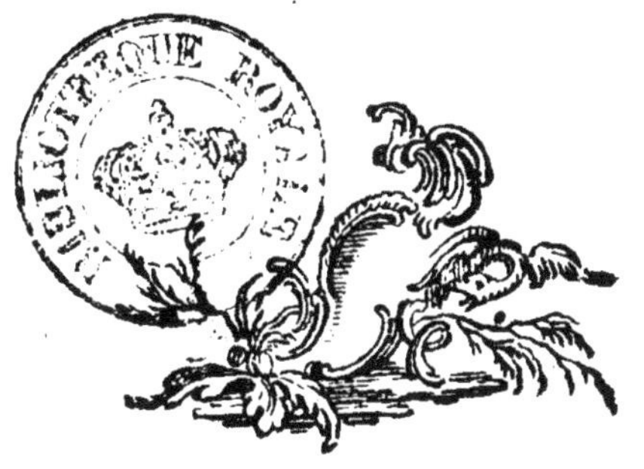

A BERLIN,

chez G. J. DECKER, Imprimeur du Roi.

1780.

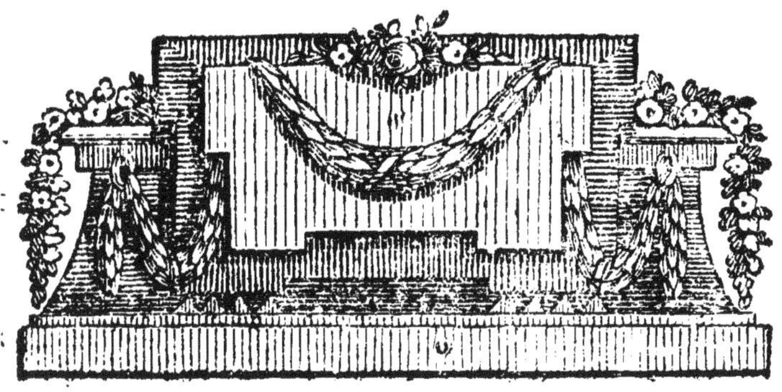

Vous vous étonnez, Monſieur, que je ne joigne pas ma voix à la vôtre, pour applaudir aux progrès que fait, ſelon vous, journellement la Littérature allemande. J'aime notre commune Patrie autant que vous l'aimez, & par cette raiſon je me garde bien de la louer avant qu'elle ait mérité ces louanges: ce ſeroit comme ſi on vouloit proclamer Vainqueur un homme qui eſt au milieu de ſa courſe. J'attends qu'il ait gagné le but, & alors mes applaudiſſemens ſeront auſſi ſinceres que vrais.

Vous ſavez que dans la République des lettres les opinions ſont libres. Vous envisagez les objets d'un point de vuë, moi d'un autre; ſouffrez donc que je m'explique, & que je vous expoſe ma façon de penſer ainſi que mes idées ſur la Littérature ancienne & moderne, tant par rapport aux Langues, aux Connoiſſances, qu'au Goût.

Je commence par la Grèce, qui étoit le berceau des beaux Arts. Cette Nation parloit la langue la plus harmonieuſe qui eût jamais exiſté. Ses premiers Théologiens, ſes premiers Hiſtoriens étoient Poëtes : ce furent eux qui donnerent des tours heureux à leur langue, qui créérent quantité d'expreſſions pittoresques, & qui apprirent à leurs Succeſſeurs à s'exprimer avec grace, politeſſe, & décence.

Je paſſe d'Athènes à Rome; j'y trouve une République qui lutte longtemps contre ſes voiſins, qui combat pour la gloire & pour l'Empire. Tout étoit dans ce Gouvernement nerf & force, & ce ne fut qu'après qu'elle l'eut emporté ſur Carthage ſa rivale, qu'elle prit du goût pour les ſciences. Le grand Africain, l'ami de Lelius & de Polibe, fut le premier Romain qui protégea les lettres. Enſuite vinrent les Gracques; après eux Antoine & Craſſus, deux Orateurs célebres de leur temps. Enfin la langue, le ſtyle, & l'éloquence Romaine ne parvinrent à leur perfection que du temps de Cicéron, d'Hortenſius, & des beaux Génies qui honorerent le ſiècle d'Auguſte.

Ce court recenſement me peint la marche des choſes. Je ſuis convaincu qu'un auteur ne ſauroit bien écrire, ſi la langue qu'il parle n'eſt ni formée, ni polie; & je vois qu'en tout Pays on commence par le néceſſaire, pour y joindre enſuite ce qui nous procure des agréments. La République romaine ſe forme; elle ſe bat pour acquérir des Terres, elle les cultive; & dès qu'après les guerres Puniques elle a pris une forme ſtable, le goût des Arts s'introduit, l'éloquence & la langue latine ſe perfectionnent. Mais je ne néglige pas d'obſerver que depuis le premier Africain jusqu' au Conſulat de Cicéron, il ſe trouve une période de cent ſoixante années.

Je conclus de là, qu'en toute choſe les progrès ſont lents, & qu'il faut que le noyau qu'on plante en terre, prenne racine, s'éleve, étende ſes branches, & ſe fortifie avant de produire des fleurs & des fruits. J'examine enſuite l'Allemagne ſelon ces regles, pour apprécier avec juſtice la ſituation où nous ſommes; je purge mon eſprit de tout préjugé; c'eſt la vérité ſeule qui doit m'éclairer. Je trouve une langue à demi-barbare, qui ſe diviſe en autant de dialectes différents que l'Allemagne contient de Provinces. Chaque Cercle ſe perſuade que ſon Patois eſt le meilleur. Il n'exiſte point encore de recueuil muni de la ſanction nationale, où l'on trouve un choix de mots & de phraſes qui conſtitue la pureté du Langage. Ce qu'on écrit en Suabe n'eſt pas intelligible à Hambourg, & le Style d'Autriche paroît obſcur en Saxe. Il eſt donc phyſiquement impoſſible qu'un auteur doué du plus beau génie, puiſſe ſupérieurement bien manier cette langue brute. Si l'on exige qu'un Phidias faſſe une Vénus de Gnide, qu'on lui donne un bloc de marbre ſans défaut, des ciſeaux fins, & de bons poinçons; alors il pourra réuſſir : point d'inſtrument, point d'artiſte. On m'objectera peut-être que les Républiques Grecques avoient jadis des Idiomes auſſi différents que les nôtres; on ajoûtera que de nos jours même on diſtingue la Patrie des Italiens par le Style & la prononciation qui varient de contrée en contrée. Je ne révoque pas ces vérités en doute; mais que celà ne noùs empêche pas de ſuivre la continuation des faits dans l'ancienne Grèce, ainſi que dans l'Italie moderne. Les Poëtes, les Orateurs, les Hiſtoriens célebres, fixerent leur langue par leurs Ecrits. Le Public, par une Convention tacite, adopta les tours, les phraſes, les Métaphores, que les grands artiſtes avoient employés dans leurs ouvrages : ces expreſſions devinrent communes, elles rendirent ces langues élégantes; elles les enrichirent en les ennobliſſant.

Jettons à préſent un coup-d'œil ſur notre Patrie: j'entends parler un Jargon dépourvu d'agrément que chacun manie ſelon ſon caprice, des termes employés ſans choix; les mots propres & les plus expreſſifs négligés, & le ſens des choſes noyé dans des mers épiſodiques. Je fais des recherches pour déterrer nos Homères, nos Virgiles, nos Anacréons, nos Horaces, nos Démoſthenes, nos Cicérons, nos Thucydides, nos Tites-Lives; je ne trouve rien, mes peines ſont perdues. Soyons donc ſincères, & confeſſons de bonne foi que jusqu'ici les Belles-lettres n'ont pas proſpéré dans notre Sol. L'Allemagne a eu des Philoſophes, qui ſoutiennent la comparaiſon avec les anciens, qui même les ont ſurpaſſés dans plus d'un genre: je me réſerve d'en faire mention dans la ſuite. Quant aux Belles-lettres, convenons de notre indigence. Tout ce que je puis vous accorder ſans me rendre le vil flatteur de mes compatriotes, c'eſt que nous avons eu dans le petit genre des fables, un Gellert, qui a ſu ſe placer à côté de Phedre & d'Eſope: les Poéſies de Canitz ſont ſupportables, non de la part de la diction, mais plus en ce qu'il imite foiblement Horace. Je n'omettrai pas les Idylles de Gesner qui trouvent quelques partisans: toutefois permettez moi de leur préférer les ouvrages de Catulle, de Tibulle, & de Properce. Si je repasse les historiens, je ne trouve que l'histoire d'Allemagne du Professeur Masco que je puisse citer comme la moins défectueuse. Voulez-vous que je vous parle de bonne foi du mérite de nos orateurs? Je ne puis vous produire que le célebre *Quant* de Kœnigsberg, qui possédoit le rare & l'unique talent de rendre sa langue harmonieuse; & je dois ajoûter à notre honte, que son mérite n'a été reconnu ni célébré. Comment peut-on prétendre que les hommes fassent des efforts pour se perfectionner dans leur genre, si la réputation n'est pas leur récompense? J'ajoûterai à ces Messieurs que je viens de nommer, un Anonyme dont j'ai vû les vers non-rimés; leur cadence & leur harmonie résultoit d'un méſange de Dactyles & de Spondées; ils étoient remplis de ſens, & mon oreille a été flattée agréablement par des ſons ſonores, dont je n'aurois pas crû notre langue ſuſceptible. J'oſe préſumer que ce genre de verſification eſt peutêtre celui qui eſt le plus conve-nable à notre Idiôme, & qu'il eſt de plus préférable à la rime; il eſt vraiſemblable qu'on feroit des progrès, ſi on ſe donnoit la peine de le perfectionner.

Je ne vous parle pas du Théâtre Alle-mand. Melpomene n'a été courtiſée que par des amants bourrus, les uns guindés ſur des échaſſes, les autres rampants dans la bouë, & qui tous rebelles à ſes loix, ne ſachant ni intéreſſer ni toucher, ont été re-jettés de ſes Autels. Les Amants de Thalie ont été plus fortunés; ils nous ont fourni du moins une vraie Comédie originale; c'eſt le *Poſtzug* dont je parle: Ce ſont nos moeurs, ce ſont nos ridicules, que le

Poëte expoſe ſur le Théâtre; la piéce eſt bien faite. Si Moliére avoit travaillé ſur le même ſujet, il n'auroit pas mieux réuſſi. Je ſuis fâché de ne pouvoir pas vous étaler un Catalogue plus ample de nos bonnes productions: je n'en accuſe pas la Nation; elle ne manque ni d'eſprit ni de génie; mais elle a été retardée par des cauſes qui l'ont empêchée de s'élever en même temps que ſes voiſins. Remontons, s'il vous plait, à la renaiſſance des Lettres, & comparons la ſituation où ſe trouva l'Italie, la France, & l'Allemagne lors de cette révolution, qui ſe fit dans l'eſprit humain.

Vous ſavez, que l'Italie en redevint le berceau, que la maiſon d'Eſt, les Médicis, & le Pape Léon X. contribuerent à leurs progrès en les protégeant. Tandis que l'Italie ſe poliſſoit, l'Allemagne, agitée par des Théologiens, ſe partageoit en deux factions, dont chacune ſe ſignaloit par ſa haine pour l'autre, ſon enthouſiaſme, & ſon fanatiſme. Dans ce même temps François I. entreprit de partager avec l'Italie, la gloire d'avoir contribué à reſtaurer les Lettres: il ſe conſuma en vains efforts pour les tranſplanter dans ſa Patrie; ſes peines furent infructueuſes. La Monarchie épuiſée par la rançon de ſon Roi, qu'elle payoit à l'Eſpagne, étoit dans un état de langueur. Les guerres de la Ligue, qui ſurvinrent après la mort de François I. empêchoient les Citoyens de s'appliquer aux beaux Arts. Ce ne fut que vers la fin du regne de Louis XIII. après que les plaies des guerres civiles furent guéries ſous le Miniſtére du Cardinal de Richelieu, dans des temps qui favoriſoient cette entrepriſe, qu'on reprit le projet de François I. La Cour encouragea les Savants & les beaux-eſprits, tout ſe piqua d'émulation; & bientôt après ſous le regne de Louis XIV, Paris ne le céda ni à Florence ni à Rome. Que ſe paſſoit-il alors en Allemagne? Préciſément lorsque Richelieu ſe couvroit de gloire en poliſſant ſa Nation, c'étoit le ſort de la guerre de trente ans. L'allemagne étoit ravagée & pillée par vingt armées différentes, qui tantôt victorieuſes, tantôt battues amenoient la déſolation à leur ſuite. Les Campagnes étoient dévaſtées, les Champs ſans culture, les villes presque déſertes. L'allemagne n'eut gueres le temps de reſpirer après la paix de Weſtphalie: Tantôt elle s'oppoſoit aux forces de l'Empire Ottoman, très redoutable alors; tantôt elle réſiſtoit aux armées françoiſes, qui empiétoient ſur la Germanie pour étendre l'Empire des Gaules. Croit-on, lorsque les Turcs aſſiégeoient Vienne, ou lorsque Mélac ſaccageoit le Palatinat, que les flammes conſumoient les habitations & les Villes, que l'azile de la mort même étoit violé par la licence effrénée des Soldats, qui tiroient de leur tombeau les cadavres des Electeurs pour s'en approprier les misérables dépouilles; croit-on que dans des moments où des mères désolées se sauvoient des ruines de leur Patrie, en portant leurs enfants exténués d'inanition sur leurs bras, que l'on composoit à Vienne, à Manheim, des Sonnetti, ou que l'on y fesoit des Epigrammes? Les muses demandent des aziles tranquilles; elles fuyent des lieux où regne le trouble, & où tout est en subversion. Ce ne fut donc qu'après la guerre de Succession, que nous commençâmes à réparer ce que tant de Calamités successives nous avoient fait perdre. Ce n'est donc ni à l'esprit ni au génie de la Nation qu'il faut attribuer le peu de progrès que nous avons fait; mais nous ne devons nous en prendre qu'à une suite de conjonctures fâcheuses, à un enchaînement de guerres qui nous ont ruinés & appauvris autant d'hommes que d'argent.

Ne perdez pas le fil des évenements; ſuivez la marche de nos peres, & vous applaudirez à la ſageſſe qui a dirigé leur conduite; ils ont agi préciſément comme il étoit convenable à la ſituation où ils ſe trouvoient. Ils ont commencé par s'appliquer à l'Economie rurale, à remettre en valeur les Terres, qui faute de bras étoient demeurées ſans culture; ils ont relevé les maiſons détruites; ils ont encouragé la propagation. On s'eſt partout appliqué à défricher des terres abandonnées; une population plus nombreuſe a donné naiſſance à l'induſtrie; le luxe même s'eſt introduit; ce fléau des petites Provinces, & qui augmente la circulation dans les grands Etats. Enfin, voyagez maintenant en Allemagne, traverſez la d'un bout à l'autre; vous trouverez partout ſur votre chemin des Bourgades changées en villes floriſſantes: là c'eſt Münſter, plus loin c'eſt Caſſel, ici c'eſt

Dresde

Dresde & Géra. Allez dans la Franconie, vous trouverez Würtzbourg, Nürnberg. Si vous approchez du Rhin, vous passerez par Fulde & Franckfort sur le Mein pour aller à Manheim, de là à Mayence & à Bonn. Chacune de ces Cités présente au voyageur surpris des Edifices qu' il ne croyoit pas trouver dans le fond de la Forêt Hercynienne. La mâle activité de nos compatriotes ne s'est donc pas bornée à réparer les pertes causées par nos calamités passées; elle a sçû aspirer plus haut, elle a sçû perfectionner ce que nos ancêtres n'avoient qu'ébauché. Depuis que ces changements avantageux se sont opérés, nous voyons l'aisance devenir plus générale; le tiers-état ne languit plus dans un honteux avilissement; les Peres fournissent à l'étude de leurs enfants sans s'obérer. Voilà les prémices établies de l'heureuse révolution que nous attendons; les entraves, qui lioient le génie de nos

Ayeux, ſont briſées & détruites; déja l'on s'apperçoit que la ſemence d'une noble émulation germe dans les eſprits. Nous avons honte qu'en certains genres nous ne puiſſions pas nous égaler à nos voiſins; nous déſirons de regagner par des travaux infatigables le temps que nos déſaſtres nous ont fait perdre; & en général le goût national eſt ſi décidé pour tout ce qui peut illuſtrer notre Patrie, qu'il eſt presque évident avec de telles diſpoſitions, que les Muſes nous introduiront à notre tour dans le Temple de la gloire. Examinons donc ce qu'il reſte à faire pour arracher de nos champs toutes les ronces de la barbarie qui s'y trouvent encore, & pour accélérer ces progrès ſi déſirables auxquels nos compatriotes aſpirent. Je vous l'ai déjà dit, il faut commencer par perfectionner la Langue; elle a beſoin d'être limée & rabottée: elle a beſoin d'être maniée par des mains habiles. La clarté eſt la premiére regle que doivent ſe preſcrire ceux qui parlent & qui écrivent, parce qu'il s'agit de peindre ſa penſée, ou d'exprimer ſes idées par des paroles. A quoi ſervent les penſées les plus juſtes, les plus fortes, les plus brillantes, ſi vous ne les rendez intelligibles? Beaucoup de nos Auteurs ſe complaiſent dans un Style diffus; ils entaſſent parenthèſe ſur parenthèſe; & ſouvent vous ne trouvez qu'au bout d'une page entiére le verbe d'où dépend le ſens de toute la phraſe; rien n'obſcurcit plus la conſtruction; ils ſont lâches au lieu d'être abondants, & l'on devineroit plutôt l'énigme du Sphynx que leur penſée. Une autre cauſe qui nuit autant aux progrès des Lettres que les vices que je reproche à notre Langue & au Style de nos Ecrivains, c'eſt le défaut des bonnes études. Notre nation a été accuſée de pédanterie parce que nous avons eu une foule de Commentateurs vétilleurs & peſants. Pour ſe laver de ce reproche, on commence à négliger l'étude des Langues ſavantes; & afin de ne point paſſer pour pédant, on va devenir ſuperficiel. Peu de nos Savants peuvent lire ſans difficulté les auteurs Claſſiques tant grecs que latins. Si l'on veut ſe former l'oreille à l'harmonie des vers d'Homère, il faut pouvoir le lire coulamment ſans le ſecours d'un Dictionnaire. J'en dis autant au ſujet de Démoſthene, d'Ariſtote, de Thucydide, & de Platon. Il en eſt de même pour ſe rendre familiére la connoiſſance des auteurs latins. La jeuneſſe à préſent ne s'applique presque pas du tout au grec, & peu apprennent aſſez le Latin pour traduire médiocrement les ouvrages des grands hommes qui ont honoré le Siécle d'Auguſte. Ce ſont cependant là les ſources abondantes où les Italiens, les François, & les Anglois, nos devanciers, ont puiſé leurs connoiſſances; ils ſe ſont formés autant qu'ils ont pû ſur ces grands modeles; ils se sont approprié leur façon de penser: & en admirant les grandes beautés dont les ouvrages des anciens fourmillent, ils n'ont pas négligé d'en apprécier les défauts. Il faut estimer avec discernement, & ne jamais s'abandonner à une adulation aveugle. Ces heureux jours, dont les Italiens, les François, & les Anglois ont joui avant nous, commencent maintenant à décliner sensiblement. Le Public est rassasié des Chefs-d'œuvre qui ont paru; les connoissances étant plus répandues, sont moins estimées; enfin, ces nations se croyent en possession de la gloire que leurs auteurs leur ont acquise, & elles s'endorment sur leurs Lauriers. Mais je ne sais comment cette digression m'a égaré de mon sujet. Retournons à nos foyers, & continuons encore à examiner ce qui s'y trouve de défectueux à l'égard de nos Etudes.

Je crois remarquer que le petit nombre de bons & d'habiles Inſtituteurs qui ſe trouvent, ne répond pas aux beſoins des Ecoles; nous en avons beaucoup, & toutes veulent être pourvues. Si les maîtres ſont pédants, leur eſprit vétilleur s'appeſantit ſur des bagatelles & néglige les choſes principales. Longs, diffus, ennuyeux, vuides de choſes dans leurs inſtructions, ils excedent leurs Ecoliers, & leur inſpirent du dégoût pour les études. D'autres Recteurs s'acquittent de leur emploi en mercénaires: que leurs Ecoliers profitent ou qu'ils ne s'inſtruiſent pas, celà leur eſt indifférent pourvû que leurs gages leur ſoient exactement payés. Et c'eſt encore pis, ſi ces maîtres manquent eux-mêmes de connoiſſances. Qu'apprendront-ils aux autres, ſi eux-mêmes ne ſavent rien? à Dieu ne plaiſe qu'il n'y ait pas quelque exception à cette regle, & qu'on ne trouve pas en Allemagne quelques Recteurs habiles. Je ne m'y oppose en rien; je me borne à désirer ardemment que leur nombre fût plus considérable. Que ne dirai-je pas de la Méthode vicieuse que les maîtres emploient pour enseigner à leurs Eleves la Grammaire, la Dialectique, la Rhétorique, & d'autres connoissances? Comment formeront-ils le goût de leurs Ecoliers, s'ils ne savent pas eux-mêmes discerner le bon du médiocre, & le médiocre du mauvais; s'ils confondent le Style diffus avec le Style abondant; le trivial, le bas, avec le naif; la prose négligée & défectueuse avec le Style simple; le Galimathias avec le sublime? s'ils ne corrigent pas avec exactitude les Thêmes de leurs Ecoliers? s'ils ne relevent pas leurs fautes sans les décourager, & s'ils ne leur inculquent pas soigneusement les regles qu'ils doivent toujours avoir devant les yeux en composant? J'en dis autant pour l'exactitude des métaphores; car je me reſſouviens dans ma jeuneſſe d'avoir lû dans une Epitre dédicatoire d'un Profeſſeur Heineccius à une Reine, ces belles paroles: „*Ihro Majeſtät glänzen wie ein Karfunkel am Finger der jetzigen Zeit.*" „Votre Majeſté brille comme une Eſcarboucle „au doigt du temps préſent." Peut-on rien de plus mauvais? Pourquoi une Eſcarboucle? Eſt-ce que le temps a un doigt? Quand on le repréſente, on le peint avec des ailes, parce qu'il s'envole ſans ceſſe; avec un Clepſydre, parce que les heures le diviſent; & on arme ſon bras d'une faulx, pour déſigner qu'il fauche ou détruit tout ce qui exiſte. Quand des Profeſſeurs s'expriment dans un ſtyle auſſi bas que ridicule, à quoi faut-il s'attendre de leurs Ecoliers?

Paſſons maintenant des baſſes Claſſes aux Univerſités; examinons les impartialement de même. Le défaut qui me ſaute le plus aux yeux, c'eſt qu'il n'y a point de méthode générale pour enſeigner les ſciences; chaque Profeſſeur s'en fait une. Je ſuis de l'opinion qu'il n'y a qu'une bonne méthode, & qu'il faut s'en tenir à celle-là. Mais quelle eſt la pratique de nos jours? Un Profeſſeur en droit, par exemple, a quelques Juriſconſultes favoris, dont il explique les opinions; il s'en tient à leurs ouvrages ſans faire mention de ce que d'autres Auteurs ont écrit ſur le droit; il releve la dignité de ſon art pour faire valoir ſes connoiſſances; il croit paſſer pour un oracle s'il eſt obſcur dans ſes leçons; il parle des loix de Memphis quand il eſt queſtion des coutumes d'Osnabrück, ou il inculque les loix de Minos à un Bachelier de St. Gall. Le Philoſophe a ſon Syſtême favori, auquel il ſe tient à peu-près de même. Ses Ecoliers ſortent de ſon College la tête remplie de préjugés; ils n'ont parcouru qu'une petite partie des opinions humaines, ils n'en connoiſſent pas toutes les erreurs ni toutes les abſurdités. Je ſuis encore indécis ſur la médecine, ſi elle eſt un art, ou ſi elle n'en eſt pas un; mais je ſuis perſuadé certainement, qu'aucun homme n'a la puiſſance de refaire un Eſtomac, des poulmons, & des reins, quand ces parties eſſentielles à la vie humaine ſont viciées; & je conſeille très-fort à mes amis, s'ils ſont malades, d'appeller à leur ſecours un médecin qui ait rempli plus d'un Cimetiére, plutôt, qu'un jeune Eleve de Hoffmann ou de Bœrhave, qui n'a tué perſonne. Je n'ai rien à reprendre en ceux qui enſeignent la Géométrie. Cette ſcience eſt la ſeule, qui n'ait point produit de Sectes; elle eſt fondée ſur l'analyſe, ſur la Synthèſe & ſur le calcul; elle ne s'occupe que de vérités palpables; auſſi a-t-elle la même méthode en tout pays. Je me renferme également dans un reſpectueux ſilence à l'égard de la Théologie. On dit que c'eſt une ſcience divine, & qu'il n'eſt pas permis aux profanes de toucher à l'encenſoir. Il me ſera, je crois, permis d'en agir avec moins de circonſpection avec Meſſieurs les Profeſſeurs en hiſtoire, & de préſenter quelque petit doute à leur examen. J'oſe leur demander, ſi l'étude de la Chronologie eſt ce qu'il y a de plus utile dans l'hiſtoire; ſi c'eſt une faute irrémiſſible de ſe tromper ſur l'année de la mort de Belus; ſur le jour où le cheval de Darius ſe mettant à hennir, éleva ſon maître ſur le Thrône de Perſe; ſur l'heure où la Bulle d'or fut publiée, ſi ce fut à ſix heures du matin ou à quatre heures de l'aprés-midi? Pour moi, je me contente de ſavoir le contenu de la Bulle d'or, & qu'elle a été promulguée l'année 1356. Ce n'eſt pas que je veuille excuſer des hiſtoriens, qui commettent des anachronismes: j'aurai cependant plutôt de l'indulgence pour les petites fautes de cette nature que pour des fautes conſidérables; comme celles de rapporter confusément les faits, de ne pas développer avec clarté les causes & les événements, de négliger toute méthode, de s'appesantir longuement sur les petits objets, & de passer légerement sur ceux qui sont les plus essentiels. Je pense à peu-près de même à l'égard de la Généalogie; & je crois qu'on ne doit pas lapider un homme de Lettres pour ne pas savoir débrouiller la Généalogie de Sainte Helene, mere de l'Empereur Constantin, ou de Hildegarde, femme ou maîtresse de Charlemagne. On ne doit enseigner que ce qu'il est nécessaire de savoir, on doit négliger le reste. Peut-être trouverez-vous ma censure trop sévere. Comme rien n'est parfait ici bas, vous en conclurez que notre Langue, nos Colleges, & nos Universités ne le sont pas non plus. Vous ajoûterez que la Critique est aisée, mais que l'art est difficile; qu'il faut donc indiquer quelles sont, pour mieux faire, les regles qu'on doit ſuivre. Je ſuis tout diſpoſé, Monſieur, à vous ſatisfaire. Je crois que ſi d'autres Nations ont pû ſe perfectionner, nous avons les mêmes moyens qu'eux, & qu'il ne s'agit que de les employer. Il y a longtemps que dans mes heures de loiſir j'ai réflechi ſur ces matières, de ſorte que je les ai aſſez préſentes pour les coucher ſur le papier & les ſoumettre à vos lumières; d'autant plus que je n'ai aucune prétention à l'infaillibilité.

Commençons par la Langue allemande, laquelle j'accuſe d'être diffuſe, difficile à manier, peu ſonore, & qui manque de plus de cette abondance de termes métaphoriques ſi néceſſaires pour fournir des tours nouveaux, & pour donner des graces aux langues polies. Afin de déterminer la route que nous devons prendre pour arriver à ce but, examinons le chemin que nos voiſins ont pris pour y parvenir. En Italie, du temps de

Charlemagne, on parloit encore un jargon barbare; c'étoit un mêlange de mots pris des Huns & des Lombards entremêlés de phrafes latines, mais qui auroient été inintelligibles aux oreilles de Cicéron ou de Virgile: Ce dialecte demeura tel qu'il étoit, durant les Siècles de barbarie qui fe fuccéderent. Longtemps après, parut le Dante; fes vers charmerent fes lecteurs, & les Italiens commencerent à croire que leur Langue pourroit fuccéder à celle des Vainqueurs de l'univers; enfuite peu avant & durant la renaiffance des Lettres, fleurirent Pétrarque, l'Ariofte, Sannazar, & le Cardinal Bembe. C'eft principalement le génie de ces hommes célebres qui a fixé la Langue Italienne. L'on vit fe former en même temps l'Académie de la Crufca, qui veille à la confervation comme à la pureté du Style.

Je paffe maintenant en France. Je trouve qu'à la Cour de François I. on parloit un jargon auſſi diſcordant pour le moins que notre Allemand l'eſt encore; & n'en déplaiſe aux Admirateurs de Marot, de Rabelais, de Montagne, leurs Ecrits groſſiers & dépourvus de graces, ne m'ont cauſé que de l'ennui & du dégoût. Après eux vers la fin du Regne de Henri IV. parut Malherbe. C'eſt le premier Poëte que la France ait eu; ou, pour mieux dire, en qualité de verſificateur il eſt moins défectueux que ſes devanciers. Pour marque qu'il n'avoit pas pouſſé ſon art à la perfection, je n'ai qu'à vous rapeller ces vers que vous connoiſſez d'une de ſes Odes:

„Prends ta foudre, Louis, & va, comme un Lion,
„Donner le dernier coup à la derniere tête de la rebellion."

A-t-on jamais vû un Lion armé d'un foudre? La fable met la foudre entre les mains du maître des Dieux, ou elle en arme l'aigle qui l'accompagne; jamais Lion n'a eu cet attribut. Mais quittons Malherbe avec ses métaphores impropres, & venons aux Corneilles, aux Racines, aux Despréaux, aux Bossuets, aux Flèchiers, aux Pascals, aux Fénélons, aux Boursaults, aux Vaugelas, les véritables peres de la langue Françoise; ce sont eux qui ont formé le style, fixé l'usage des mots, rendu les phases harmonieuses, & qui ont donné de la force & de l'énergie au vieux jargon barbare & discordant de leurs ancêtres : On dévora les ouvrages de ces beaux génies. Ce qui plait se retient. Ceux qui avoient du talent pour les Lettres, les imiterent. Le style & le goût de ces grands hommes se communiqua depuis à toute la Nation. Mais souffrez que je vous arrête un moment, pour vous faire remarquer, qu'en Grece, en Italie, comme en France, les Poëtes ont été les premiers, qui rendant leur langue flexible & harmonieuse, l'ont ainsi préparée à devenir plus ſouple & plus maniable ſous la plume des auteurs, qui après eux écrivirent en proſe.

Si je me transſporte maintenant en Angleterre, j'y trouve un tableau ſemblable à celui que je vous ai fait de l'Italie & de la France. L'Angleterre avoit été ſubjuguée par les Romains, par les Saxons, par les Danois, & enfin par Guillaume le Conquérant, Duc de Normandie. De cette confuſion des Langues de leurs vainqueurs, en y joignant le jargon qu'on parle encore dans la Principauté de Galles, ſe forma l'Anglois. Je n'ai pas beſoin de vous avertir que dans ces temps de barbarie, cette langue étoit au moins auſſi groſſiére que celles dont je viens de vous parler. La renaiſſance des Lettres opéra le même effet ſur toutes les Nations; l'Europe étoit laſſe de l'ignorance craſſe dans laquelle elle avoit croupi durant tant de ſiècles, elle voulut s'éclairer. L'Angleterre, toujours jalouſe de la France, aſpiroit à produire elle-même ſes auteurs; & comme pour écrire, il faut avoir une langue, elle commença à perfectionner la ſienne: Pour aller plus vîte, elle s'appropria du latin, du françois, de l'Italien, tous les termes qu'elle jugea lui être néceſſaires; elle eut des Ecrivains célebres; mais ils ne purent adoucir ces ſons aigus de leur langue qui choquent les oreilles étrangeres. Les autres Idiomes perdent quand on les traduit, l'anglois ſeul y gagne. Je me ſouviens à ce propos de m'être trouvé un jour avec des gens de Lettres; quelqu'un leur demanda en quelle langue s'étoit énoncé le ſerpent qui tenta notre premiére mere? En anglois, répondit l'érudit, car le ſerpent ſiffle. Prenez cette mauvaiſe plaiſanterie pour ce qu'elle vaut.

Après vous avoir expoſé comment chez d'autres Nations les langues ont été cultivées & perfectionnées, vous jugez sans doute, qu'en employant les mêmes moyens, nous réussirons également comme eux. Il nous faut donc de grands Poëtes & de grands Orateurs pour nous rendre ce service, & nous ne devons pas l'attendre des Philosophes; leur partage est de déraciner des erreurs, & de découvrir des vérités nouvelles. Les Poëtes & les Orateurs doivent nous enchanter par leur harmonie, nous attendrir & nous persuader; mais comme on ne fait pas naître des génies à point nommé, voyons si nous ne pourrons pas faire également quelques progrès en employant des secours intermédiaires. Pour resserrer notre style, retranchons toute parenthèse inutile; pour acquérir de l'énergie traduisons les auteurs anciens qui se sont exprimés avec le plus de force & de grace. Prenons chez les Grecs, Thucydide, Xénophon; n'oublions pas la Poétique d'Aristote. Qu'on s'applique ſurtout à bien rendre la force de Démoſthenes. Nous prendrons des Latins le Manuel d'Epictete, les Penſées de l'Empereur Marc-Aurele, les Commentaires de Céſar, Salluſte, Tacite, l'art poétique d'Horace. Les François pourront nous fournir les Penſées de la Roche-Foucault, les lettres Perſanes, l'Eſprit des loix. Tous ces livres que je propoſe, la plûpart écrits en ſtyle ſententieux, obligeront ceux qui les traduiront, à fuir les termes oiſeux & les paroles inutiles; nos Ecrivains emploieront toute leur ſagacité à reſſerrer leurs idées, pour que leur Traduction ait la même force que l'on admire dans leurs originaux. Toutefois en rendant leur ſtyle plus énergique, ils ſeront attentifs à ne point devenir obſcurs; & pour conſerver cette clarté, le premier des devoirs de tout Ecrivain, ils ne s'écarteront jamais des regles de la Grammaire, afin que les verbes qui doivent régir les phrases, soient placés de sorte qu'il n'en résulte aucun sens amphibologique. Des traductions faites en ce genre serviront de modeles, sur les quels nos Ecrivains pourront se mouler. Alors nous pourrons nous flatter d'avoir suivi le précepte qu' Horace donne aux auteurs dans sa Poétique: *Tot verba, tot pondera.* Il sera plus difficile d'adoucir les sons durs dont la plûpart des mots de notre langue abondent. Les voyelles plaisent aux oreilles; trop de Consonnes rapprochées les choquent, parcequ'elles coûtent à prononcer, & n'ont rien de sonore: nous avons de plus quantité de verbes auxiliaires & actifs dont les derniéres Syllabes sont sourdes & désagréables, comme *sagen, geben, nehmen:* Mettez un *a* au bout de ces terminaisons & faites en *sagena, gebena, nehmena,* & ces sons flatteront l'oreille. Mais je sais aussi, que quand même l'Empereur avec ses huit Electeurs dans une Diette ſolemnelle de l'Empire, donneroit une loi pour qu'on prononçât ainſi, les Sectateurs zélés du Tudesque ſe moqueroient d'eux & crieroient partout en beau latin: *Cæſar non eſt ſuper grammaticos*, & le Peuple qui décide des Langues en tout pays, continueroit à prononcer **ſagen** & **geben** comme de coutume. Les françois ont adouci par la prononciation bien des mots qui choquent les oreilles & qui avoient fait dire à l'Empereur Julien, que les Gaulois croaſſoient comme les corneilles. Ces mots tels qu'on les prononçoit alors, ſont, *cro-jo-gent*, *voi-yai-gent*, on les prononce à préſent *croyent*, *voyent*; s'ils ne flattent pas, ils ſont toutefois moins déſagréables. Je crois que pour de certains mots nous en pourrions uſer de même. Il eſt encore un vice que je ne dois pas omettre, celui des comparaiſons baſſes & triviales, puiſées dans le jargon du Peuple. Voici, par exemple, comme s'exprima un Poëte, qui dédia ſes ouvrages à je ne ſais quel Protecteur: „*Schieſs groſser Gönner, ſchieſs deine Strah-* „*len, Arm dick, auf deinen Knecht her-* „*nieder.*" „Répands, grand Protecteur, „répands tes rayons gros comme le bras ſur „ton ſerviteur." Que dites vous de ces rayons gros comme le bras? N'auroit-on pas dû dire à ce Poëte: mon ami, apprends à penſer avant de te mêler d'écrire? N'imitons donc pas les pauvres qui veulent paſſer pour riches; convenons de bonne foi de notre indigence; que celà nous encourage plûtôt à gagner par nos travaux les tréſors de la Littérature, dont la poſſeſſion mettra le comble à la gloire nationale.

Après vous avoir expoſé de quelle maniére on pouroit former notre langue, je vous prie de me prêter la même attention à l'égard des meſures que l'on pourroit prendre pour étendre la ſphere de nos connoiſſances, rendre les études plus faciles, plus utiles, & former en même temps le goût de la jeuneſſe. Je propoſe en premier lieu, qu'on faſſe un choix plus réflèchi des Recteurs qui doivent régir les Claſſes, & qu'on leur preſcrive une méthode ſage & judicieuſe qu'ils doivent ſuivre en enſeignant, tant pour la Grammaire & pour la Dialectique qu'également pour la Rhétorique; qu'on faſſe de petites diſtinctions pour les enfants qui s'appliquent, & de légeres flétriſſures pour ceux qui ſe négligent. Je crois que le meilleur traité de Logique & en même temps le plus clair, eſt celui de Wolff. Il faudroit donc obliger tous les Recteurs à l'enſeigner, d'autant plus que celui de Batteux n'eſt pas traduit & qu'il ne l'emporte pas ſur l'autre. Pour la Rhétorique, qu'on s'en tienne à Quintilien. Quiconque, en l'étudiant, ne parvient pas à l'éloquence, n'y parviendra jamais. Le ſtyle de cet ouvrage eſt clair, il contient tous les préceptes & les regles de l'art; mais il faut avec celà que les maîtres examinent avec ſoin les Thêmes de leurs Ecoliers, en leur expliquant les raiſons pour les quelles on corrige leurs fautes, & en louant les endroits où ils ont réuſſi.

Si les maîtres ſuivent la méthode que je propoſe, ils développeront le germe des talents où la nature en a ſemés; ils perfectionneront le jugement de leurs Ecoliers en les accoutumant à ne point décider ſans connoiſſance de cauſe, ainſi qu'à tirer des conſéquences juſtes de leurs principes. La Rhétorique rendra leur eſprit méthodique; ils apprendront l'art d'arranger leurs idées, de les joindre, & de les lier les unes aux autres par des tranſitions naturelles, imperceptibles, & heureuſes; ils ſçauront proportionner le Style au ſujet, employer à propos les figures, tant pour varier la Monotonie du Style, que pour répandre des fleurs ſur les endroits qui en ſont ſusceptibles; & ils ne confondront pas deux métaphores en une, ce qui ne peut préſenter qu'un ſens louche au Lecteur. La Rhétorique leur enſeignera encore à faire un choix des arguments qu'ils veulent employer ſelon le caractere de l'Auditoire auquel ils ont à s'adreſſer; ils apprendront à s'inſinuer dans les eſprits, à plaire, à émouvoir, à exciter l'indignation ou la pitié, à perſuader, à entraîner tous les ſuffrages: Quel art divin que celui, où, par le moyen de la ſeule parole, ſans force ni violence, on parvient à ſubjuguer les eſprits, à régner ſur les cœurs, & à ſavoir exciter dans une nombreuſe aſſemblée les paſſions des quelles on veut qu'elle ſoit ſuſceptible. Si les bons Auteurs étoient traduits en notre langue, j'en recommanderois la lecture comme celle d'une choſe importante & néceſſaire. Par exemple, pour les Logiciens, rien ne les formeroit mieux que le Commentaire de Bayle ſur les Cometes, & ſur le *Contrains-les d'entrer.* Bayle eſt ſelon mes foibles lumiéres, le premier des Dialecticiens de l'Europe; il raiſonne non ſeulement avec force & préciſion: mais il excelle ſurtout à voir d'un coup-d'œil tout ce de quoi une propoſition eſt ſusceptible; ſon côté fort, ſon côté foible; comment il faut la ſoûtenir, & comment on pourra réfuter ceux qui l'attaqueront. Dans ſon grand Dictionnaire il attaque Ovide ſur le débrouillement du Cahos; il y a des articles excellents ſur les Manichéens, ſur Epicure, ſur Zoroaſtre &c. Tous méritent d'être lus & étudiés, & ce ſera un avantage ineſtimable pour les jeunes gens qui pourront s'approprier la force du raiſonnement & la vive pénétration d'eſprit de ce grand homme. Vous devinez d'avance les auteurs que je recommanderai à ceux qui étudient l'éloquence. Pour qu'ils apprennent à ſacrifier aux graces, je voudrois qu'ils luſſent les grands Poëtes, Homere, Virgile, quelques Odes choiſies d'Horace, quelques vers d'Anacréon. Afin qu'ils priſſent le grand goût de l'éloquence, je mettrois Démoſthene & Cicéron entre leurs mains; on leur feroit remarquer en quoi differe le mérite de ces deux grands orateurs. Au premier on ne ſauroit rien ajoûter, au ſecond il n'y a rien à retrancher. Ces lectures pourroient être ſuivies des belles Oraiſons funebres de Boſſuet & de Flèchier, du Démoſthene & du Cicéron françois, & du petit Carême de Maſſillon rempli de traits de la plus ſublime éloquence. Afin de leur apprendre dans quel goût il faut écrire l'hiſtoire, je voudrois qu'ils luſſent Tite-Live, Salluſte, Tacite; on leur feroit remarquer en même temps la Nobleſſe du Style, la beauté de leur narration, en condamnant toutefois la crédulité avec la quelle Tite-Live donne à la fin de chaque année une Liſte de miracles les uns plus ridicules que les autres. Ces jeunes gens pourroient enſuite parcourir l'hiſtoire univerſelle de Boſſuet, & les révolutions Romaines par l'Abbé de Vertot; on pourroit y ajoûter l'avantpropos de l'Hiſtoire de Charles Quint par Robertſon. Ce ſeroit le moyen de leur former le goût & de leur apprendre comment il faut écrire; mais ſi le Recteur n'a pas lui-même ces connoiſſances, il ſe contentera de dire; ici Démoſthene emploie le grand argument Oratoire; là, & dans la plus grande partie du Diſcours, il ſe ſert de l'Enthymême; voilà une apoſtrophe, voici une proſopopée; en tel endroit une Métaphore, dans l'autre une hyperbole. Celà eſt bon, mais ſi le maître ne releve pas mieux les beautés de l'auteur, & qu'il n'en faſſe pas remarquer les défauts, (parce qu'il en échappe même aux plus grands orateurs,) il n'aura pas rempli ſa tâche. J'insiste si fort sur toutes ces choses, à cause que je voudrois que la jeunesse sortît des Ecoles avec des Idées nettes, & que non content de leur remplir la mémoire, l'on s'attachât surtout à leur former le jugement, afin qu'ils apprissent à discerner le bon du mauvais, & que ne se bornant pas à dire, cela me plaît, ils puissent à l'avenir donner des raisons solides de ce qu'ils approuvent ou de ce qu'ils rejettent.

Pour vous convaincre du peu de goût qui jusqu'à nos jours regne en Allemagne, vous n'avez qu'à vous rendre aux Spectacles publics. Vous y verrez représenter les abominables piéces de Schakespear traduites en notre langue, & tout l'Auditoire se pâmer d'aise en entendant ces farces ridicules & dignes des Sauvages du Canada. Je les appelle telles parce qu'elles péchent contre toutes les regles du Théâtre. Ces regles ne sont point arbitraires, vous les trouvez dans la

Poétique d'Ariſtote, où l'unité de lieu, l'unité de temps, & l'unité d'intérêt ſont preſcrites comme les ſeuls moyens de rendre les Tragédies intéreſſantes; au lieu que dans ces piéces Angloiſes la Scène dure l'eſpace de quelques années. Où eſt la vraiſemblance? Voilà des Crocheteurs & des Foſſoyeurs qui paroiſſent & qui tiennent des propos dignes d'eux; enſuite viennent des Princes & des Reines. Comment ce mélange bizarre de baſſeſſe & de grandeur, de bouffonnerie & de tragique, peut-il toucher & plaire? On peut pardonner à Schakespear ces écarts bizarres; car la naiſſance des arts n'eſt jamais le point de leur maturité. Mais voilà encore un Gœtz de Berlichingen qui paroît ſur la ſcène, imitation déteſtable de ces mauvaiſes piéces angloiſes, & le Parterre applaudit & demande avec enthouſiaſme la répétition de ces dégoûtantes platitudes. Je ſais qu'il ne faut point diſputer des goûts;

cependant permettez moi de vous dire, que ceux qui trouvent autant de plaiſir aux Danſeurs de corde, aux marionettes, qu'aux Tragédies de Racine, ne veulent que tuer le temps; ils préferent ce qui parle à leurs yeux à ce qui parle à leur eſprit, & ce qui n'eſt que Spectacle à ce qui touche le cœur. Mais revenons à notre ſujet.

Après vous avoir parlé des baſſes Claſſes, il faut que j'en agiſſe avec la même franchiſe à l'égard des Univerſités, & que je vous propoſe les corrections qui paroîtront les plus avantageuſes & les plus utiles à ceux qui voudront ſe donner la peine d'y bien réfléchir. Jl ne faut pas croire que la méthode qu'emploient les Profeſſeurs pour enſeigner les ſciences, ſoit indifférente; s'ils manquent de clarté & de netteté, leurs peines ſont perdues; ils ont leur Cours tout préparé d'avance, & ils s'en tiennent là. Que ce Cours de leur Science ſoit bien ou mal

fait,

fait, perſonne ne s'en embarraſſe; auſſi voit-on le peu d'avantage qu'on retire de ces Etudes; bien peu d'Ecoliers en ſortent avec les connoiſſances qu'ils en devroient rapporter. Mon idée ſeroit donc de preſcrire à chaque Profeſſeur la regle qu'il doit ſuivre en enſeignant dans ſes Colleges. En voici l'ébauche. Mettons le Géometre & le Théologien de côté, parce qu'il n'y a rien à ajoûter à l'évidence du premier, & qu'il ne faut point choquer les opinions populaires du dernier. Je trouve d'abord le Philoſophe. J'exigerois qu'il commençât ſon cours par une définition exacte de la Philoſophie; qu'enſuite en remontant aux temps les plus reculés, il rapportât toutes les différentes opinions que les hommes ont eues ſelon l'ordre des temps qu'ont fleuri ceux qui les ont enſeignées. Il ne ſuffiroit pas, par exemple, de leur dire, que les Stoïciens admettoient dans leur Syſtême, que les ames humaines ſont des parcelles de la Divinité. Quelque belle & ſublime que ſoit cette idée, le Profeſſeur fera remarquer qu'elle implique contradiction, parce que ſi l'homme étoit une parcelle de la Divinité, il auroit des connoiſſances infinies qu'il n'a point; parce que ſi Dieu étoit dans les hommes, il arriveroit à préſent que le Dieu Anglois ſe battroit contre le Dieu François & Eſpagnol; que ces diverſes parties de la Divinité tâcheroient de ſe détruire réciproquement, & qu'enfin toutes les Scélérateſſes, tous les crimes que les hommes commettent, ſeroient des oeuvres divines. Quelle abſurdité d'admettre de pareilles horreurs! Donc elles ne ſont pas vraies. S'il touche au Syſtême d'Epicure, il s'arrêtera ſurtout ſur l'impaſſibilité que ce Philoſophe attribue à ſes Dieux, ce qui eſt contraire à la Nature divine: il n'oubliera pas d'inſiſter ſur l'abſurdité de la déclinaiſon des Atômes, & ſur tout ce qui répugne à l'exactitude & à la liaison du raisonnement. Il fera sans doute mention de la Secte Acataleptique & de la nécessité où les hommes se trouvent souvent de suspendre leur jugement en tant de matiéres méthaphysiques, où l'analogie & l'expérience ne sauroient leur prêter de fil pour se conduire dans ce Labyrinthe. Ensuite il en viendra à Galilée; il exposera nettement son Systême; il ne manquera pas d'appuyer sur l'absurdité du Clergé Romain qui ne vouloit pas que la Terre tournât, qui Se révoltoit contre les Antipodes, & qui tout infaillible qu'il croyoit être, perdit à cette fois au moins son procès devant le Tribunal de la raison. Viendra ensuite Copernic, Ticho-Brahé, le Systême des Tourbillons. Le Professeur démontrera à ses auditeurs l'impossibilité du plein qui s'opposeroit à tout mouvement; il prouvera évidemment, malgré Descartes, que les animaux ne sont pas des

Machines. Ceci ſera ſuivi de l'Abrégé du Syſtême de Neuton, du vuide qu'il faut admettre ſans qu'on puiſſe dire ſi c'eſt une négation d'exiſtence, ou ſi ce vuide eſt un Etre à la Nature duquel nous ne pouvons attacher aucune idée préciſe. Celà n'empêchera pas que le Profeſſeur n'inſtruiſe ſon Auditoire du parfait rapport de ce Syſtême calculé par Neuton, avec les phénomenes de la Nature; & c'eſt ce qui obligea les modernes d'admettre la peſanteur, la gravitation, la force centripede & la force centrifuge, propriétés occultes de la Nature inconnuës juſqu'à nos jours. Ce ſera alors le tour de Leibnitz, du Syſtême des Monades & de celui de l'harmonie préétablie. Le Profeſſeur fera remarquer ſans doute, que ſans unité, point de nombre. Donc il faut admettre des Corps inſécables dont la matiére ſoit compoſée. Il fera obſerver de plus à ſon Auditoire, qu'idéalement la matiére peut ſe diviſer à l'infini; mais que dans la pratique les premiers Corps pour être trop déliés, échappent à nos ſens, & qu'il faut de toute néceſſité des premiéres parties indeſtructibles, qui ſervent de principes aux Eléments; car rien ne ſe fait de rien, & rien ne s'anéantit. Ce Profeſſeur repréſentera le Syſtême de l'harmonie préétablie, comme le Roman d'un homme de beaucoup de génie; & il ajoûtera ſans doute, que la Nature prend la voie la plus courte pour arriver à ſes fins: il remarquera qu'il ne faut pas multiplier les Etres ſans néceſſité. Viendra enſuite Spinoſa, qu'il réfutera ſans peine, en employant les mêmes arguments dont il s'eſt ſervi contre les Stoïciens; & s'il prend ce Syſtême du côté où il paroît nier l'exiſtence du premier Etre, rien ne lui ſera plus facile que de le réduire en poudre, ſurtout s'il fait voir la deſtination de chaque choſe, le but pour le quel elle eſt faite. Tout, même jusqu'à la végétation d'un brin d'herbe, prouve la Divinité; & si l'homme jouit d'un degré d'intelligence qu'il ne s'est point donné, il faut à plus forte raison, que l'Être dont il tient tout, ait un esprit infiniment plus profond & plus immense. Notre Professeur ne mettra pas Mallebranche tout-à-fait de côté. En développant les principes de ce savant Pere de l'oratoire, il montrera que les conséquences qui en découlent naturellement, ramenent à la Doctrine des Stoïciens, à l'ame universelle dont tous les Etres animés font partie. Si nous voyons tout en Dieu, si nos sensations, nos pensées, nos desirs, notre volonté émanent directement de ses opérations intellectuelles sur nos organes, nous ne devenons que des Machines muës par des mains divines. Dieu reste seul, & l'homme disparoît. Je me flatte que Monsieur le Professeur, s'il a le sens commun, n'oubliera pas le sage Locke, le seul des métaphysiciens qui a sacrifié l'imagination au bon sens, qui suit l'expérience autant qu'elle peut le conduire, & qui s'arrête prudemment quand ce guide vient à lui manquer. Est-il question de morale? Monsieur le Professeur dira quelques mots de Socrate; il rendra justice à Marc-Aurele, & il s'étendra plus amplement sur les offices de Cicéron, le meilleur ouvrage de morale qu'on ait écrit & qu'on écrira.

Je ne dirai que deux mots aux médecins. Ils doivent surtout accoutumer leurs Eleves à bien examiner les symptômes des maladies pour en bien connoître le genre. Ces symptômes sont un pouls rapide & foible; un pouls fort & violent; un pouls intermittant; la sechereße de la langue; les yeux; la nature de la transpiration; les sécretions, tant urines que matiéres fécales, dont ils peuvent tirer des inductions pour apprécier moins vaguement le genre de Marasme qui caufe la Maladie ; & c'eft fur ces connoiffances qu'il doit faire choix des remedes convenables. Le Profeffeur fera de plus foigneufement obferver à fes Ecoliers la prodigieufe différence des tempéraments & l'attention qu'ils exigent. Il promenera la même maladie de tempérament en tempérament ; il infiftera principalement fur la néceffité d'obferver combien dans la même maladie la médecine doit être proportionnée à la compétence de la conftitution du patient. Je n'ofe pas néanmoins préfumer, qu'avec toutes ces inftructions ces jeunes Efculapes faffent des miracles. Le gain que le Public y fera, c'eft qu'il y aura moins de Citoyens tués par l'ignorance ou par la pareffe des médecins.

Pour abréger, je paffe fur la Botanique, la Chymie, & les expériences phyfiques, afin d'entreprendre Monfieur le Profeffeur en Droit, qui m'a la mine bien rébarbative.

Je lui dirai: Monſieur! nous ne ſommes plus dans le ſiécle des mots, nous ſommes dans celui des choſes. De grace, pour l'avantage du Public, daignez mettre un peu moins de pédanterie & plus de bon ſens dans les profondes Leçons que vous croyez faire. Vous perdez votre temps, Monſieur, à enſeigner un droit public, qui n'eſt pas même un droit particulier, que les Puiſſants ne reſpectent pas, & dont les foibles ne tirent aucune aſſiſtance: Vous endoctrinez vos Ecoliers des Loix de Minos, de Solon, de Lycurgue, des douze Tables de Rome, du Code de l'Empereur Juſtinien; & pas le mot, ou peu de choſe des loix & des Coutumes reçuës dans nos Provinces. Pour vous tranquilliſer, nous vous promettons de croire, que votre cervelle eſt formée de la quinteſſence de celles de Cujas & de Barthole fondues enſemble; mais daignez conſidérer que rien n'eſt plus précieux que le temps, & que celui qui le perd en phrases inutiles, est un prodigue auquel vous adjugeriez le Séquestre si on l'accusoit devant votre Tribunal. Permettez donc, Monsieur, tout érudit que vous êtes, qu'un ignorant de ma trempe (si vous encouragez ma timidité) vous propose un espece de Cours de droit que vous pourriez faire. Vous commencerez par prouver la nécessité des loix, parcequ'aucune société ne peut se soûtenir sans elles. Vous montrerez qu'il y en a de civiles, de criminelles, & d'autres qui ne sont que de convention. Les premiéres servent pour assurer les possessions, soit pour les héritages, soit pour les dots, les Douaires, les contracts de ventes & d'achats; elles indiquent les principes qui servent de regle pour décider des limites ainsi que pour éclaircir des droits qui sont en litige. Les loix criminelles sont plutôt pour atterrer le crime que pour le punir; les peines doivent être proportionnées aux délits, & les châtiments les plus doux doivent en tout temps être préférés aux plus rigoureux. Les loix de convention sont celles que les Gouvernements établissent pour favoriser le commerce ou l'industrie. Les deux premiéres sortes de loix sont d'un genre stable; les derniéres sont sujettes à des changements soit par des causes internes ou externes, qui peuvent obliger d'abroger les unes & d'eu créer de nouvelles. Ce préambule exposé avec toute la netteté nécessaire, Monsieur le Professeur, sans consulter Grotius ni Puffendorff, aura la bonté d'analyser les loix de la contrée où il réside: il se gardera sortout de donner du goût à ses Eleves pour l'esprit contentieux; au lieu d'eu faire des embrouilleurs, il en fera des débrouilleurs; & il emploiera tous ses soins à mettre de la justesse, de la clarté & de la précision dans ses Leçons. Pour former à cette méthode ses disciples dès leur jeunesse, il ne négligera pas surtout de leur inspirer du mépris pour l'esprit contentieux qui sophistique tout, & qui semble un répertoire inépuisable de subtilités & de chicanes.

Je m'adresse à présent à Monsieur le Professeur d'Histoire; je lui propose pour modele le savant & celebre Thomasius. Notre Professeur gagnera de la réputation s'il approche de ce grand homme; de la gloire, s'il l'égale: Il commencera son cours selon l'ordre des temps, par les histoires anciennes; il finira par les histoires modernes. Il n'omettra aucun Peuple dans cette suite de siécles; il n'oubliera ni les Chinois, ni les Russes, ni la Pologne, ni le Nord, comme il est arrivé à Monsieur Bossuet dans son ouvrage, d'ailleurs très estimable. Notre Professeur s'appliquera surtout à l'histoire d'Allemagne comme la plus intéressante pour les Allemands; il se gardera cependant de s'enfoncer trop avant dans l'obscurité des origines ſur les quelles les Documents nous manquent, & qui au demeurant, ſont des connoiſſances aſſez inutiles. Il parcourera ſans s'appeſantir le neuviéme, le dixiéme, l'onziéme, le douziéme ſiécles; il s'étendra davantage ſur le treiziéme ſiécle, où l'hiſtoire commence à devenir plus intéreſſante. A meſure qu'il avance, il entrera dans de plus grands détails, parce que ces faits ſont liés davantage à l'hiſtoire de nos jours; il s'arrêtera plus particuliérement ſur les évenements qui ont eu des ſuites que ſur ceux qui ſont morts ſans poſtérité, ſi j'oſe m'exprimer anſi. Le Profeſſeur remarquera l'origine des droits, des uſages, des loix; il fera connoître à quelles occaſions elles ſe ſont établies dans l'Empire. Il faut qu'il marque l'Epoque où les villes Impériales devinrent libres, & quels furent leurs privileges, comment ſe forma la Hanze ou la ligue des Villes anſéatiques; comment les Evêques & les Abbés devinrent

Souverains; il expliquera de ſon mieux, comment les Electeurs acquirent le droit d'élire les Empereurs. Les différentes formes dont la juſtice a été adminiſtrée dans cette ſuite de ſiécles, ne doit pas être omiſe. Mais c'eſt ſurtout depuis Charles quint, que Monſieur le Profeſſeur fera le plus d'uſage de ſon diſcernement & de ſon habileté: Depuis cette époque tout devient intéreſſant & mémorable. Il s'appliquera à débrouiller de ſon mieux les cauſes des grands évenements; indifférent pour les perſonnes, il louera les belles actions de ceux qui ſe ſont illuſtrés, & il blâmera les fautes de ceux qui en ont commiſes. Voilà enfin les troubles de la Religion qui commencent. Le Profeſſeur traitera cette partie en philoſophe. Viennent enſuite les guerres aux quelles ces troubles donnerent lieu; ces grands intérêts ſeront traités avec la dignité qui leur convient. Voilà la Suede qui prend parti contre l'Empereur; le Profeſſeur dira ce qui donna lieu à Guſtave Adolphe de ſe tranſporter en Allemagne, & quelles raiſons eut la France de ſe déclarer pour la Suede & pour la cauſe protestante; mais le Profeſſeur ne répétera pas les vieux menſonges que de trop crédules hiſtoriens ont répandus. Il ne dira point que Guſtave Adolphe a été tué par un Prince allemand qui ſervoit dans ſon Armée, parceque celà n'eſt ni vrai, ni prouvé, ni vraiſemblable. La paix de Weſtphalie exigera un détail plus circonſtancié, parcequ'elle eſt devenue la baſe des libertés Germaniques, une Loi qui reſtraint l'ambition impériale dans ſes juſtes bornes, ſur laquelle notre Conſtitution préſente eſt fondée. Le Profeſſeur rapportera enſuite ce qui s'eſt paſſé ſous les regnes des Empereurs Léopold, Ioſeph & Charles VI. Ce Champ vaſte lui fournit de quoi exercer ſon érudition & ſon génie, ſurtout s'ils ne néglige rien d'eſſentiel; & il n'oubliera pas, après avoir exposé tous les faits mémorables de chaque siécle, de rendre compte des opinions reçuës, & des hommes qui se sont le plus distingués par leurs talents, par leurs découvertes, ou par leurs ouvrages; & il aura soin de ne pas omettre les étrangers contemporains des allemands dont il parle. Je crois qu'après avoir ainsi parcouru l'histoire, peuple après peuple, on rendroit un service aux Etudiants, si l'on rassembloit toutes ces matiéres & qu'on les leur représentât dans un tableau général. C'est surtout dans un tel ouvrage, que l'ordre chronologique seroit nécessaire, pour ne pas confondre les temps, & pour apprendre à placer chaque fait important selon l'ordre qu'il doit occuper; les Contemporains à côté des Contemporains; & pour que la Mémoire soit moins chargée de dattes, il seroit bon de fixer les Epoques où les révolutions les plus importantes sont arrivées: ce sont autant de points d'appui pour la mémoire, qui se retiennent facilement, & qui

qui empêchent que cet immenſe cahos d'hiſtoires ne s'embrouille dans la tête des jeunes gens. Un Cours d'hiſtoire tel que je le propoſe, doit être bien digéré, profondément penſé, & exempt de toute minutie. Ce n'eſt ni le Théatrum Europæum, ni l'hiſtoire des Germains de Monſieur de Bunau, que le Profeſſeur doit conſulter; j'aimerois mieux l'adreſſer aux cahiers de Thomaſius, s'il s'en trouve encore. Quel ſpectacle plus intéreſſant, plus inſtructif & plus néceſſaire pour un jeune homme qui doit entrer dans le monde, que de repaſſer cette ſuite de viciſſitudes qui ont changé ſi ſouvent la face de l'Univers! Où apprendra-t-il mieux à connoître le néant des choſes humaines, qu'en ſe promenant ſur les ruines des Royaumes & des plus vaſtes Empires? Mais dans cet amas de crimes qu'on lui fait paſſer devant les yeux, quel plaiſir pour lui de trouver de loin en loin de ces ames vertueuſes & divines qui ſemblent demander grace pour la perversité de l'espece ! Ce sont les modeles qu'il doit suivre. Il a vû une foule d'hommes heureux environnés d'adulateurs ; la mort frappe l'idole, les flatteurs s'enfuyent, la vérité paroît, & les cris de l'abomination publique étouffent la voix des Panégyristes. Je me flatte que le Professeur aura assez de sens pour marquer à ses disciples les bornes qui distinguent une noble émulation d'avec celles d'une ambition démesurée, & qu'il les fera réflèchir sur tant de passions funestes qui ont entraîné les malheurs des plus vastes Etats ; il leur prouvera par cent exemples, que les bonnes mœurs ont été les vraies gardiennes des Empires, ainsi que leur corruption, l'introduction du luxe, & l'amour démesuré des richesses, ont été de tout temps les précurseurs de leur chûte. Si Monsieur le Professeur suit le Plan que je propose, il ne se bornera pas à entasser des faits dans la mémoire de ses Ecoliers ; mais il travaillera à former leur jugement, à rectifier leur façon de penser, & surtout à leur inspirer de l'amour pour la vertu, ce qui, selon moi, est préférable à toutes les connoissances indigestes dont on farcit la tête des jeunes gens.

Il résulte en général de tout ce que je viens de vous exposer, que l'on devroit s'appliquer avec zele & empressement à traduire dans notre langue tous les auteurs Classiques des langues anciennes & modernes, ce qui nous procureroit le double avantage de former notre Idiome & de rendre les connoissances plus universelles. En naturalisant tous les bons auteurs, ils nous apporteroient des idées neuves & nous enrichiroient de leur diction, de leurs graces, & de leurs agréments; & combien de connoissances le Public n'y gagnera-t-il pas? De vingt-six millions d'habitants qu'on donne à l'Allemagne, je ne crois pas que cent mille d'entr' eux sachent bien le latin, surtout si vous décomptez ce fatras de Prêtres ou de Moines qui sait à peine autant de latin qu'il en faut pour entendre tant bien que mal la Syntaxe. Or voilà donc vingt-cinq millions neuf-cent mille ames exclues de toutes connoiſſances, parcequ'elles ne ſauroient les acquérir dans la langue vulgaire. Quel changement plus avantageux pourroit donc nous arriver que celui de rendre ces lumiéres plus communes en les répandant partout? Le Gentilhomme qui paſſe ſa vie à la Campagne, feroit un choix de lecture qui lui ſeroit convenable, il s'inſtruiroit en s'amuſant; le gros bourgeois en deviendroit moins ruſtre; les gens déſœuvrés y trouveroient une reſſource contre l'ennui; le goût des Belles-lettres deviendroit général, & il répandroit ſur la ſociété l'aménité, la douceur, les graces, & des reſſources inépuiſables pour la converſation. De ce frottement des eſprits réſulteroit ce tact fin, le bon goût qui par un diſcernement prompt ſaiſit le beau, rejette le médiocre, & dédaigne le mauvais. Le Public devenu ainſi juge éclairé obligera les auteurs nouveaux à travailler leurs ouvrages avec plus d'assiduité & de soin, & à ne les donner au jour qu'après les avoir bien limés & repolis.

La marche que j'indique n'est point née de mon imagination ; c'est celle de tous les peuples qui se sont policés ; il n'y en a pas d'autre. Plus le goût des Lettres gagnera, plus il y aura de distinction & de fortune à attendre pour ceux qui les cultivent supérieurement ; plus l'exemple de ceux-là en animera d'autres. L'Allemagne produit des hommes à recherches laborieuses, des Philosophes, des génies, & tout ce que l'on peut désirer ; il ne faut qu'un Prométhée qui dérobe du feu céleste pour les animer.

Le sol qui a produit le fameux Des Vignes, Chancelier du malheureux Empereur Fréderic II. celui où sont nés ceux qui écrivent les lettres des hommes obscurs (bien supérieurs à leur siécle,) eux qui sont les modeles de Rabelais ; le sol qui a produit le fameux Erasme dont l'éloge de la folie pétille d'esprit, & qui vaudroit encore mieux, si l'on en retranchoit quelques platitudes monacales qui se ressentent du mauvais goût du temps; le pays qui a vû naître un Mélanchton aussi sage qu'érudit; le sol, dis-je, qui a produit ces grands hommes n'est point épuisé, & en feroit éclorre bien d'autres. Que de grands hommes n'ajoûterois-je pas à ceux-ci? Je compte hardiment au nombre des nôtres, Copernic, qui par ses calculs rectifia le Systême planétaire, & prouva ce que Ptolomée a osé avancer quelques milliers d'années avant lui; tandis qu'un moine d'un autre côté de l'Allemagne découvrit par ses opérations chymiques les étonnants effets de l'explosion de la poudre; qu'un autre inventa l'Imprimerie, art heureux qui perpétue les bons Livres, & met le Public en état d'acquérir des connoissances à peu de fraix; un Otto Géric, esprit inventif, auquel nous devons la pompe pneumatique. Je n'oublierai certainement pas le célebre Leibnitz, qui a rempli l'Europe de ſon nom; ſi même ſon imagination l'a entraîné dans quelques viſions ſyſtématiques, il faut toutefois avouer que ſes écarts ſont ceux d'un grand génie. Je pourrois groſſir cette liſte des noms de Thomaſius, de Bilfinger, de Haller, & de bien d'autres; mais le temps préſent m'impoſe ſilence. L'éloge des uns humilieroit l'amour-propre des autres.

Je prévois qu'on m'objectera peut-être que pendant les guerres d'Italie on a vû fleurir Pic de la Mirandole. J'en conviens; mais il n'étoit que ſavant. On ajoûtera, que pendant que Cromvel bouleverſoit ſa patrie & feſoit décapiter ſon Roi ſur un échafaut, Toland publioit ſon Léviatan; & peu après lui, Milton mit en lumiére ſon Paradis perdu; que même du temps de la Reine Eliſabeth le Chancelier Bacon avoit déja éclairé l'Europe & s'étoit rendu l'oracle de la philoſophie, en indiquant les découvertes à faire, & en montrant le chemin qu'il falloit ſuivre pour y parvenir; que pendant les guerres de Louis XIV. les bons auteurs en tout genre illuſtrerent la France: pourquoi donc, dira-t-on, nos guerres d'Allemagne auroient-elles été plus funeſtes aux Lettres que celles de nos voiſins? Il me ſera aiſé de vous répondre. En Italie les Lettres n'ont véritablement fleuri que ſous la protection de Laurent de Médicis, du Pape Léon X, & de la maiſon d'Eſt. Il y eut dans ces temps quelques guerres paſſageres, mais non deſtructives; & l'Italie jalouſe de la gloire que devoit lui procurer la renaiſſance des Beaux-arts, les encourageoit autant que ſes forces le permettoient. En Angleterre la politique ſoutenuë du fanatiſme de Cromvel, n'en vouloit qu'au Trône: cruel envers ſon Roi, il gouverna ſagement ſa Nation; auſſi le commerce de cette Isle ne fut-il jamais plus floriſſant que ſous ſon Protectorat. Ainſi le Béhémoth ne peut ſe regarder que comme un Libelle de parti. Le Paradis de Milton vaut mieux ſans doute : Ce poëte étoit un homme d'une imagination forte, qui avoit pris le ſujet de ſon Poëme dans une de ces farces religieuſes qu'on jouoit encore de ſon temps en Italie ; & il faut remarquer ſurtout qu'alors l'Angleterre étoit paiſible & opulente. Le Chancelier Bacon qui s'illuſtra ſous la Reine Eliſabeth, vivoit dans une Cour polie ; il avoit les yeux pénétrants de l'aigle de Jupiter pour ſcruter les ſciences, & la ſageſſe de Minerve pour les digérer. Le génie de Bacon eſt comme ces phénomenes rares qu'on voit paroître de loin en loin, & qui font autant d'honneur à leur ſiécle qu'à l'eſprit humain. En France le Miniſtere du Cardinal de Richelieu avoit préparé le beau Siécle de Louis XIV. Les lumiéres commençoient à ſe répandre ; la guerre de la Fronde n'étoit qu'un jeu d'enfant. Louis XIV. avide de toute ſorte de gloire, voulut que ſa nation fût la premiére pour la littérature & le bon goût, com me en puiſſance, en conquêtes, en politique & en commerce. Il porta ſes armes victorieuſes dans les pays ennemis. La France ſe glorifioit des ſuccès de ſon monarque ſans ſe reſſentir des ravages de la guerre. Il eſt donc naturel que les Muſes qui ſe complaiſent dans le repos & dans l'abondance, ſe fixaſſent dans ſon Royaume. Mais ce que vous devez remarquer ſurtout, Monſieur, c'eſt qu'en Italie, en Angleterre, en France, les premiers hommes de Lettres & leurs ſucceſſeurs écrivirent dans leur propre langue. Le Public dévoroit ces ouvrages, & les connoiſſances ſe répandoient généralement ſur toute la Nation. Chez nous, c'étoit toute autre choſe. Nos querelles de religion nous fournirent quelques ergoteurs, qui diſçutant obſcurément des matiéres inintelligibles, ſoûtenoient, combattoient les mêmes arguments, & méloient les injures aux Sophiſmes. Nos premiers ſavants furent, comme partout, des hommes qui entaſſoient faits ſur faits dans leur mémoire, des pédants ſans jugement, des Lipſius, des Freinshemius, des Gronovius, des Gravius, peſants reſtaurateurs de quelques phraſes obſcures, qui ſe trouvoient dans les anciens Manuſcripts. Celà pouvoit être utile jusqu'à un certain point, mais il ne falloit pas attacher toute leur application à des vétilles minucieuſes, par conſéquent peu importantes. Ce qu'il y eut de plus facheux c'eſt que la vanité pédanteſque de ces Meſſieurs aſpiroit aux applaudiſſements de toute l'Europe: En partie pour faire parade de leur belle latinité, en partie pour être admirés des pédants étrangers, ils n'écrivoient qu'en latin; de ſorte que leurs ouvrages étoient perdus pour preſque toute l'Allemagne. Delà il réſulta deux inconvénients, l'un que la langue allemande n'étant point cultivée, demeura chargée de ſon ancienne rouille; & l'autre, que la maſſe de la Nation, qui ne ſavoit pas le latin, ne pouvant s'inſtruire faute d'entendre une langue morte, continua de croupir dans la plus craſſe ignorance. Voilà des vérités auxquelles perſonne ne pourra répondre. Que Meſſieurs les ſavants ſe ſouviennent quelquefois, que les ſciences ſont les aliments de l'ame; la mémoire les reçoit comme l'eſtomac; mais elles cauſent des indigeſtions, ſi le jugement ne les digere. Si nos connoiſſances ſont des tréſors, il faut, non pas les enfouïr, mais les faire profiter en les répandant généralement dans une langue entendue par tous nos concitoyens.

Ce n'eſt que depuis peu que les gens de Lettres ont pris la hardieſſe d'écrire dans leur langue maternelle, & qu'ils ne rougiſſent plus d'être allemands. Vous ſavez qu'il n'y a pas longtemps qu'a paru le premier Dictionnaire de la langue Allemande qu'on ait connu: Je rougis de ce qu'un ouvrage auſſi utile ne m'ait pas devancé d'un ſiécle; cependant on commence à s'appercevoir qu'il ſe prépare un changement dans les eſprits; la gloire nationale ſe fait entendre, on ambitionne de ſe mettre de niveau avec ſes voiſins, & l'on veut ſe frayer des routes au Parnaſſe, ainſi qu'au temple de mémoire; ceux qui ont le tact fin le remarquent déja. Qu'on traduiſe donc les ouvrages Claſſiques anciens & modernes dans notre langue. Si nous voulons que l'argent circule chez nous, répandons le dans le Public, en rendant communes les ſciences qui étoient ſi rares autrefois.

Enfin, pour ne rien omettre de ce qui a retardé nos progrès, j'ajoûterai le peu d'uſage que l'on a fait de l'allemand dans la plûpart des Cours d'Allemagne. Sous le regne de l'Empereur Joſeph on ne parloit à Vienne qu'Italien; l'Eſpagnol prévalut ſous Charles VI. & durant l'Empire de François I. né Lorrain, le François ſe parloit à ſa Cour plus familiérement que l'Allemand: Il en étoit de même dans les Cours Electorales. Quelle pouvoit en être la raiſon? Je vous le répete, Monſieur, c'eſt que l'Eſpagnol, l'Italien & le François étoient des langues fixées, & la notre ne l'étoit pas. Mais consolons nous; la même chose eit arrivée en France. Sous François I, Charles IX, Henri III. dans les bonnes Compagnies on parloit plus l'Espagnol & l'Italien que le François; & la langue nationale ne fut en vogue qu'après qu'elle devint polie, claire, élégante, & qu'une infinité de Livres classiques l'eurent embellie de leurs expressions pittoresques & en même temps fixé sa marche grammaticale. Sous le regne de Louis XIV. le françois se répandit dans toute l'Europe, & celà en partie pour l'amour des bons auteurs qûi florissoient alors, même pour les bonnes traductions des anciens qu'on y trouvoit. Et maintenant cette langue est devenuë un passe-partout qui vous introduit dans toutes les maisons & dans toutes les villes. Voyagez de Lisbonne à Pétersbourg, & de Stockholm à Naples en parlant le françois, vous vous faites entendre partout.

Par ce ſeul Idiome, vous vous épargnez quantité de langues qu'il vous faudroit ſavoir, qui ſurchargeroient votre mémoire de mots, à la place deſquels vous pouvez la remplir de choſes, ce qui eſt bien préférable.

Voilà, Monſieur, les différentes entraves qui nous ont empêchés d'aller auſſi vîte que nos voiſins; toutefois ceux qui viennent les derniers, ſurpaſſent quelquefois leurs prédéceſſeurs: celà pourra nous arriver plus promptement qu'on ne le croit, ſi les Souverains prennent du goût pour les Lettres; s'ils encouragent ceux qui s'y appliquent, en louant & récompenſant ceux qui ont le mieux réuſſi; que nous ayons des Médicis, & nous verrons éclorre des génies. Des Auguſtes feront des Virgiles. Nous aurons nos auteurs claſſiques; chacun, pour en profiter, voudra les lire; nos voiſins apprendront l'allemand, les Cours le parleront avec délice; & il pourra arriver que notre langue polie & perfectionnée s'étende en faveur de nos bons Ecrivains d'un bout de l'Europe à l'autre. Ces beaux jours de notre Littérature ne ſont pas encore venus; mais ils s'approchent. Je vous les annonce, ils vont paroître; je ne les verrai pas, mon âge m'en interdit l'eſpérance. Je ſuis comme Moïſe; je vois de loin la Terre promiſe, mais je n'y entrerai pas. Paſſez moi cette comparaiſon. Je laiſſe Moïſe pour ce qu'il eſt, & ne veux point du tout me mettre en parallele avec lui; & pour les beaux jours de la Littérature, que nous attendons, ils valent mieux que les rochers pelés & arides de la ſtérile Idumée.

www.ingramcontent.com/pod-product-compliance
Ingram Content Group UK Ltd.
Pitfield, Milton Keynes, MK11 3LW, UK
UKHW022059170726
13837UKWH00003B/1008